📖 주제
- 경쟁 · 승부욕 · 성장 · 발전

📖 활용 학년 및 교과 연계

초등과정	1-1 국어	4. 글자를 만들어요
	1-2 국어	7. 무엇이 중요할까요
	2-1 국어	8. 마음을 짐작해요

너에게 지는 건 절대 싫어!

초등 첫 인문철학왕
너에게 지는 건 절대 싫어!

초판 1쇄 발행 2023년 3월 30일

글쓴이 장세련 | **그린이** 윤길준 | **해설** 손아영
기획편집 이정희 | **편집** 이상미 박주원
디자인 문지현 김수인 | **생각 실험 디자인** 김윤현

펴낸이 이경민 | **펴낸곳** ㈜동아엠앤비
출판등록 2014년 3월 28일(제25100-2014-000025호)
주소 (03972) 서울특별시 마포구 월드컵북로22길 21, 2층
전화 (편집) 02-392-6901 (마케팅) 02-392-6900 | **팩스** 02-392-6902
홈페이지 www.moongchibooks.com | **전자우편** damnb0401@naver.com | **SNS** f ⓘ blog
ISBN 979-11-6363-613-7(74100)

※ 잘못된 책은 구입한 곳에서 바꿔 드립니다.
※ 이 책에 실린 사진은 셔터스톡, 위키피디아, 게티이미지뱅크(코리아)에서 제공받았습니다. 그 밖의 제공처는 별도 표기했습니다.

도서출판 뭉치는 ㈜동아엠앤비의 어린이 출판 브랜드로, 아이들의 지식을 단단하게 만들어 주고,
아이들의 창의력과 사고력을 키워 주어 우리 자녀들이 융합형 사고뭉치와 창의뭉치로
성장할 수 있도록 좋은 책을 만들겠습니다.

'질문'의 힘! '생각'의 힘!
'미래 인재'로 가는 힘!

어린이와 학부모님들께 《초등 첫 인문철학왕》을 추천할 수 있어서 매우 기쁩니다. 어린이들이 이 시리즈를 통해 '나'에 대해, 나와 공동체 사이의 소통에 대해, 세상의 이치와 진리에 대해 마음껏 질문하고 생각하기를 바라기 때문입니다. 그렇게 되면 창의적으로 문제를 해결하는 힘 또한 커질 수 있다고 믿기 때문이지요.

'제4차 산업혁명의 시대'라는 말처럼 우리는 모든 것이 혁신적으로 변화하는 시대에 살고 있습니다. 스마트폰, 인공 지능, 첨단 로봇 등 새로운 기술과 지식이 나오는 속도도 이전과 비교할 수 없을 정도로 빨라졌지요. 세상에 넘쳐나는 지식과 정보는 이제 누구나 쉽게 구할 수 있고, 개인의 두뇌에 담아낼 수 있는 용량을 넘어선 지 오래입니다. 결국 이 시대의 아이들에게 필요한 것은 지식보다는 그 지식을 다루는 지혜와 창의성 아닐까요?

7차 교육과정 개정 이후 학교 교육도 이러한 시대 흐름에 맞추어 미래 사회가 요구하는 인문학적 상상력과 과학기술 창조력을 두루 갖춘 창의융합형 인재를 양성하는 것을 목표로 합니다.

'철학'은 '지혜를 사랑하는'이란 뜻을 가진 말입니다. 이 학문은 여러분처럼 모든 것에 호기심 많았던 철학자들로부터 시작됩니다. 아주 오래전부터 인간, 사회, 자연, 우주, 진리 등 다양한 분야에서 다른 사람들보다 더 깊이, 더 많이, 그리고 아주 끈질기게 했던 수많은 질문과 탐구를 하며 만들어졌습니다.

마치 높은 곳에 올라가면 마을 전체를 내려다볼 수 있는 넓은 시야를 얻게 되듯이, 철학을 한다는 것은 하나의 문제를 더 큰 눈으로 볼 수 있게 되는 것이랍니다. 그러면 어떤 점이 좋을까요? 더 넓게 보는 눈, 더 깊이 있게 보는 눈, 다른 사람들이 생각하지 못한 부분들을 상상하고 찾아낼 수 있는 눈이 생깁니다. 또 우리 앞의 문제들을 자신만의 창의적인 방법으로 해결할 수도 있고, 그 문제를 해결하다가 다른 더 큰 문제를 발견하여 미리 처리할 수도 있습니다.

《초등 첫 인문철학왕》은 바로 그러한 생각의 눈을 아주 활짝 열어 줄 것입니다. 주제와 관련된 재미있는 동화, 이와 연결된 깊이 있는 인문 해설과 철학 특강, 창의·탐구 활동 등으로 구성된 시리즈는 아이들이 세상에 넘쳐 나는 지식을 지혜롭게 다루는 힘을 길러서, 문제해결력을 갖춘 창의적 인재로 성장할 수 있게 해 줄 것입니다.

그러니 이 책을 읽으며 여러 분야에서 떠오르는 호기심과 질문들을 혼자만 가지고 있지 말고 친구, 가족과도 나누어 보시길 바랍니다. 모두가 질문하고 생각하는 힘이 생긴다면, 어려운 문제들을 함께 해결해 나가는 공동체를 만들 수 있겠지요?

이 책을 읽는 여러분들 모두, 그런 멋진 공동체를 하나둘 만들어 나가는 지혜로운 미래 인재가 되기를 기대합니다.

이지애 드림
(이화여대 철학과 부교수, 한국 철학교육 학회 회장)

초등 첫 인문철학왕
이렇게 활용하세요!

생각 실험

생각 실험은 어떤 사실을 알기 위해 여러 가지 실험과 사례를 연구하는 것이에요. 철학이나 자연 과학 분야 등에서 널리 사용되는 방법이에요. 권마다 주제에 관련된 실험, 유명한 인물의 사례 등을 읽으며 상상력과 문제 해결력을 키워 보세요.

만화 & 동화

인문 철학 주제별로 아이들의 생활 세계 속 이야기, 패러디 동화 등이 다양하게 펼쳐져요. 처음과 중간은 만화, 본문은 그림 동화로 되어 있어서, 재미난 이야기에 푹 빠질 수 있어요.

인문철학왕되기

오랫동안 어린이들과 함께 철학 수업을 연구하고 진행해 온 한국 철학교육연구원 소속 교수와 연구진들이 집필했어요.

소쌤의 철학 특강, 인문 특강, 창의 특강으로 구성되었어요. 주제와 이야기 안에 숨겨진 철학적 문제들에 대해 함께 답을 찾아갈 수 있도록 깊이 있는 토론과 특강, 그리고 재미있는 활동으로 구성되었어요.

난 질문하는 **소크라테스**! 문제를 해결할 수 있도록 도와주지!

난 **뭉치**. 같이 생각하고 토론하지!

난 늘 창의적인 **새롬**이!

난 생각이 깊은 **지혜**!

교과 연계

각 권마다 최신 개정 교과서 단원과 연계되어 교과 학습에 도움이 되도록 구성되었어요. 권별로 확인하세요.

이 책의 차례

추천사 ··········· 4
구성과 활용 ··········· 6

생각 실험 경쟁심 때문에 노벨상을 거부했다고? ··········· 10

만화 경쟁하는 마음 ··········· 20

우리는 단짝 ··········· 22
- **인문철학왕되기1** 경쟁이란 무엇일까?
- **소쌤의 인문 특강** 도도새의 멸종

다 내 복이야 ··········· 46
- **인문철학왕되기2** 경쟁에는 무엇이 필요할까?
- **소쌤의 철학 특강** 전쟁을 멈추게 한 규칙

| 만화 | **아름다운 경쟁** ———————————————— 62

이제부터 전쟁이야 ———————————————— 68
- 인문철학왕되기3 　우리는 경쟁을 통해 발전하는 걸까?
- 소쌤의 인문 특강 　경쟁을 통한 발전

도토리 모으기 대회 ———————————————— 88
- 인문철학왕되기4 　만일 나라면?
- 쓰기활동 　경쟁했던 경험 쓰기

경쟁심 때문에 노벨상을 거부했다고?

20세기에 가장 큰 영향을 끼친 인물로 뽑히는 과학자 에디슨과 전기 분야의 천재 발명가인 테슬라는 평생 경쟁 관계였어요. 에디슨은 미국에서 태어났고 전구를 비롯해 전화, 축음기 등을 만든 **세계적 발명자이자 성공한 사업가**였어요.

EDISON

세르비아 출신으로 미국으로 건너간 니콜라 테슬라는 어릴 때부터 **뛰어난 발명을 했던 전기공학자**였어요.
두 사람은 1880년대 후반에 전기를 공급하는 방법을 두고 오랫동안 경쟁을 벌였어요. **에디슨과 테슬라의 '전류 전쟁'**이라고 불릴 만큼 유명하죠.

테슬라는 '에디슨전기조명회사(GE)'의 직원으로 취직해 능력을 인정받았어요. 1884년 산업 혁명이 진행되고 있던 당시 미국에는 **에디슨이 개발한 직류 전기 장치가 공장과 각 가정 등 도시 곳곳에서 사용**되고 있었어요.

이때 테슬라가 아주 새로운 제안을 합니다.

'직류' 방식 대신 더 멀리, 더 빠르게 전기를 보낼 수 있는 '교류' 방식을 제안합니다.

그런데 11월 14일, 갑자기 노벨상위원회가 X선으로 광물을 분석한 두 대학교수를 노벨 물리학상 수상자로 선정했다는 보도가 나왔어요. 왜 수상자가 바뀌었는지 노벨상 재단은 확인해 주기를 거부했어요. 테슬라와 가까웠던 전기 작가는 **테슬라가 에디슨과 함께 공동 수상하는 것을 거부**했다고 말했어요. 또 다른 전기 작가는 **에디슨이 수상을 거부**한 것이라고 말했죠.

테슬라가 노벨상 상금을 받지 못하게 할 거야!

많은 사람들은 에디슨과 테슬라가 경쟁심 때문에
공동 수상을 거부했을 거라고 미루어 짐작했어요.

자기 발명품이 더 뛰어난데,
공동 수상은 당연히 싫겠지!

여러분이라면, 평생 경쟁을 벌였던 상대와
노벨상을 공동 수상한다는 소식이 왔을 때
어떤 마음이 들까요?

말도 안 돼! 세계적으로
인정받는 상인데,
아무리 경쟁심이 있더라도
당연히 받아야지!

우리는 단짝

"다람아, 놀자!"

까만 눈을 빛내며 다람이가 상수리나무 가지를 타고 쪼르르 내려왔어요.

"다람아, 오늘은 더 예쁜걸?"

재롱이가 다람이를 칭찬했어요.

"오늘은 얼굴도 부었는데?"

눈을 사르르 감으면서 다람이가 엷은 웃음을 지었어요.

다람이는 털 고르기에 늘 신경을 썼어요. 황금빛 털에 이슬을 발라서 고르면 털이 더 매끈해 보였거든요. 거기다 풀잎 향이라도 뿌리면 다람이가 더 돋보였지요.

"그래서 더 예쁜데?"

재롱이가 잿빛 꼬리를 흔들었어요. 최고라는 뜻이에요.

바람에 살랑거리는 다람이 털은 정말 예뻤어요. 꾸미지 않아서 더 예쁜 것 같았어요.

다람이는 참나무 숲에서 가장 예뻤어요. 황금빛 털에 짙은 갈색 줄무늬가 돋보였어요. 새까만 눈은 어떤 보석보다도 반짝거렸어요. 보는 이들마다 다람이 생김새를 보고 한마디씩 했어요.

"다람이는 나중에 예쁜 다람쥐 대회 나가면 일등 할 거야."

"저렇게 예쁜 모습으로 낳아 준 부모님께 감사해야지."

이런 말을 듣는 것이 한두 번이 아니었지요.

다람이는 처음에는 귀담아듣지 않았지만 점점 거울을 보는 날이 많아졌어요. 지나가는 사람들도 다람이를 칭찬했어요.

"세상에, 어쩌면 저렇게 예쁜 다람쥐가 있을까?"

"집에 데려가서 키우고 싶다."

엄마는 늘 걱정했어요.

"너무 사람 가까이 가면 안 된다."

사람들은 다람이에게 온갖 먹을 것을 주었어요. 땅콩, 호두, 밤은 날마다 먹을 수 있었어요. 산에서는 좀처럼 맛보기 힘든 사과랑 포도를 주는 사람도 있었어요. 달콤한 향이 나는 사과는 다람이가 특히 좋아하는 과일이에요. 다람이는 그런 과일이 생길 때마다 재롱이에게 나누어 주었지요. 둘은 단짝이니까요.

"넌 공부를 잘하잖아. 달리기도 잘하고."

다람이도 재롱이를 칭찬했어요.

재롱이는 다람쥐 학교에서 가장 못생겼지만 하는 일은 무엇이든 일등이었어요. 공부도, 달리기도, 도토리 모으기도 늘 일등이라 아무도 재롱이를 못난이라고 놀리지 않았어요.

　가장 예쁜 다람이와 못생긴 재롱이는 단짝이에요. 자주 다투기도 하지만 금방 다시 친해졌어요. 어른들은 아이들은 싸우면서 크는 거라며 둘의 우정을 칭찬했어요.

　둘은 참나무 숲을 뛰며 놀았어요. 참나무 숲은 다람이와 재롱이의 놀이터예요. 서로 반대였지만 둘은 쿵짝이 잘 맞았어요. 함께 있는 시간은 언제든 즐거웠지요. 앞서거니 뒤서거니 나무를 타는 일은 특히 신이 났어요.

　바람이 술렁거리는 숲에서 놀면 더욱 신이 났어요. 산들바람도 불어왔어요. 싱

싱한 나뭇잎에서 후두둑, 물방울이 떨어졌어요. 밤새 맺혔던 이슬방울이었어요.

"앗! 차가워."

몸을 움찔하면서도 다람이는 물방울에 젖은 털을 골랐어요.

"아, 시원하다!"

재롱이는 털에 맺힌 물방울을 툭툭 털어냈어요. 그러고는 마주 보며 까르르 웃었어요. 웃음소리에 놀랐을까요? 물들지도 않은 연초록 나뭇잎이 가지째 떨어졌어요.

"헉! 이게 뭐야?"

다람이가 놀라서 한 발짝 물러섰어요.

떡갈나무 가지였어요. 가지에는 초록 잎과 아직 덜 익은 열매들이 올망졸망 달려 있었어요. 초록빛 도토리 열매에서 풋내가 났어요. 다람이는 저도 모르게 코를 발름거렸어요. 살이 찔까 봐 아침을 굶은 터라 배가 고팠거든요.

"또 시작됐군."

재롱이가 코를 발름대는 다람이를 보며 중얼거렸어요.

"뭐가! 먹고 싶은 거 아니거든!"

다람이가 발끈했어요. 풋도토리까지 먹고 싶어 한다며 흉보는 거라는 생각이 들었지요.

"다람이 너 말고, 도토리거위벌레들 말이야."

"그게 뭐?"

다람이는 괜히 켕겼어요. 도토리거위벌레에 대해 아는 것이 없었으니까요. 그저 벌레라서 징그럽다는 생각만 들었어요. 소름도 돋았어요.

"이거 봐. 떡갈나무를 이렇게 잘라 버리잖아?"

"사람들이 자른 거겠지. 지난번에 너도 봤잖아?"

다람이가 아는 척했어요.

지난 가을 참나무를 베어 가던 사람들 이야기였어요. 사람들은 표고버섯을 키운다며 참나무를 베어 갔어요. 제법 큰 가지들을 베어 간 뒤 한동안 숲이 허전했지요.

공부에는 관심이 없고 건망증도 심했지만 다람이는 그때 일은 또렷했어요. 튼튼하고 굵은 나무만 베어 가서 속상해하는 다람쥐 마을 어른들을 보았거든요. 재롱이와 놀던 숲 속 놀이터도 꽤 많이 사라졌고요.

"사람들은 이런 잔가지를 베지는 않아."
재롱이가 고개를 살래살래 저었어요.
"벌레들이 나무를 잘라낸다는 건 말도 안 돼."
다람이도 지지 않았어요.
"도토리거위벌레는 달라. 날카로운 주둥이로 나뭇가지를 자른대."
"말도 안 돼! 누가 그런 엉터리 소문을 만든 거야? 그 벌레 얘기 좀 그만해!"
다람이는 몸을 옹송그렸어요. 벌레는 생각만 해도 징그럽거든요. 벌레가 나무를 자르다니, 그런 말은 들은 적이 없으니까요.
"사람들이 떡갈나무를 베었다면 왜 이렇게 버려두겠니? 힘들게 베었으니 집으로 가지고 갈 테지. 봐, 사람이 없잖아?"
재롱이 말대로 사람 모습은 어디에도 보이지 않았어요.
"도토리거위벌레가 잘라낸 게 틀림없어."
"하지 말랬지?"
다람이는 벌레가 기어오르기라도 하듯 바르르 떨었어요.

"도토리거위벌레 모르지?"

"알거든!"

"그런데 왜 나무 자르는 건 몰라?"

"우리도 못 하는 걸 그 작은 몸으로 어떻게 하니?"

다람이는 발끈했어요.

다람이는 도토리거위벌레를 직접 본 적이 있어요. 어느 날 엄마랑 산책을 하던 중이었어요. 햇살이 좋은 날이었지요. 초록색 나뭇잎 사이에서 햇빛을 받아 반짝이는 걸 보았어요. 잘 익은 도토리 같았어요. 도토리가 익을 철은 아닌데 이상하다 싶었지만 얼른 잡았어요.

그런데 도토리가 아니었어요. 뭔가 손 안에서 꼬물거렸어요.

"어어어?"

깜짝 놀란 다람이는 잡았던 걸 얼른 내던졌어요.

"다람아, 저건 도토리거위벌레란다."

다람이가 던진 걸 본 엄마가 알려 주었어요. 엄마가 가리킨 도토리거위벌레는 아주 작았어요.

"버, 벌레라고요?"

다람이는 몸을 마구 털었어요. 벌레라는 말에 온몸이 근질거리는 것 같았어요. 도토리인 줄 알았는데 벌레였다니 징그럽기만 했어요.

엄마가 뭔가를 설명하려고 했어요. 다람이는 귀를 막았어요. 벌레에 대한 건 듣고 싶지 않았거든요.

"그만해. 그 벌레 얘기!"

다람이는 귀를 막았어요. 더 듣고 싶지도 않았지만 그 작은 몸으로 나무를 자른다는 건 더욱 믿을 수 없었어요.

다음 날, 학교에 갔어요.

"여러분, 오늘은 도토리거위벌레에 대해서 배울 거예요."

선생님이 말했어요.

"으아~ 벌레를 왜 배워요?"

"벌레는 싫어요."

몇몇 친구들이 얼굴을 찡그렸어요. 다람이도 잠시 얼굴을 찡그렸어요. 며칠 전 재롱이와 보았던 떡갈나무 가지 생각도 났어요.

"도토리거위벌레를 아는 친구가 있을까?"

"저요!"

다람이가 손을 번쩍 들었어요.

"다람이가? 그래 어디 말해 봐."

선생님이 놀라서 눈을 동그랗게 떴어요. 시켜도 발표를 잘 안 하던 다람이가 선생님은 신기하고 기특했어요.

"등딱지가 갈색이에요. 아주 쪼그마하고요. 그렇지만 훌륭한 나무꾼이에요. 나뭇가지를 잘라 버리니까요."

다람이가 조잘조잘 설명했어요. 지금도 믿을 수 없지만 잘라낸 나무를 보았으니까요. 재롱이한테서 들은 거지만 마치 자기가 알고 있었던 것처럼 자신에 찬 목소리로요.

짝꿍인 재롱이가 고개를 돌렸어요. 어이없다는 듯 어깨까지 들썩였어요. 다람이는 일부러 재롱이 눈길을 피했어요.
"다람이가 제법이구나."
선생님의 칭찬에 뿌듯했어요. 다람이는 어깨를 쫙 폈어요. 뜻밖이라는 듯 친구들이 웅성거렸어요. 공부와는 담을 쌓고 사는 다람이 말이 신기한 건 친구들도 마찬가지였어요.

"다람이가 많은 걸 알고 있네. 더 아는 거 있니?"
선생님 물음에 다람이가 빠르게 고개를 저었어요.
"잘했어요, 다람이. 자, 또 누가 도토리거위벌레를 알까?"
서로 얼굴만 쳐다보았어요. 선생님이 다시 물었어요.

"그렇다면 다람이는 도토리거위벌레가 나뭇가지를 자르는 이유는 알아요?"

"자르는 건 봤지만 그건……."

말끝을 흐린 다람이는 고개를 저었어요.

다람이는 선생님의 눈길을 피해 고개를 숙였어요. 선생님은 더 묻지 않았어요. 다람이는 도토리거위벌레에 대해 잘 알고 있었던 것처럼 말한 것도 사실은 부끄러웠어요. 다람이는 도토리거위벌레가 나무를 자른다는 걸 여전히 믿지 않았거든요. 다만 잘 잊어버리는 자신이 재롱이에게 들었던 걸 잊지 않은 건 신기했어요.

'난 이제 건망증이 사라졌나 봐.'

다람이는 마음속으로 중얼거렸어요. 엉뚱한 생각이지만 스스로를 응원하는 말이었어요.

그때 재롱이가 자신에 찬 목소리로 말했어요.

"도토리거위벌레는 도토리에 구멍을 뚫고 그 속에 알을 낳아요. 덜 익은 도토리 속에요. 그래서 도토리가 익기 전에 나뭇가지를 자르는 거예요."

와글거리던 친구들이 조용해졌어요.

"왜?"

"열매가 딱딱해지면 아기 벌레가 먹을 수가 없으니까요."

"재롱이가 아주 잘 알고 있구나. 다람이와 단짝이더니 둘이서 같이 공부한 거니?"

선생님이 재롱이도 칭찬했어요.

"헉! 그러면 우리가 벌레 든 도토리를 먹는 거야?"

귀엽게 생긴 귀염이가 물었어요. 귀염이는 금방이라도 토할 것 같은 표정이었어요.

"그렇지는 않아. 알에서 나온 도토리거위벌레의 애벌레가 다 파먹은 도토리는 껍질뿐이라 먹을 것도 없으니까."

재롱이가 친절하게 설명했어요.

"자, 다람이와 재롱이 설명 잘 들었지요? 박수! 선생님이 한 번 더 설명해 줄게요."

친구들이 와르르 박수를 쳤어요.

선생님이 도토리거위벌레가 어떻게 도토리나무를 자르는지 설명했어요. 도토리거위벌레는 주둥이로 나무를 자른대요. 둘이서 자르기도 하고 혼자서 자르기도 하고요. 잘라낸 자리가 마치 톱으로 자른 것처럼 매끈해서 사람들은 도토리거위벌레를 톱벌레라고 부르기도 한대요.

열매를 파먹고 자란 애벌레는 땅속에서 겨울을 난대요. 다람쥐들이 먹는 도토리가 도토리거위벌레의 먹이도 된다니 신기했어요. 그렇지만 열매 속에서 벌레가 자란다는 건 좀 으스스했어요.

친구들 몇몇은 몸을 부르르 떨었어요. 자기들이 도토리거위벌레의 먹이라도 된 듯 호들갑을 떨었어요.

"무서워. 내 꼬리라도 자르러 오면 어떡하지?"

다람이도 으스스 소름이 돋았어요. 작은 도토리인 줄 알았던 도토리거위벌레가 그렇게 무서운 힘을 가졌다니 겁이 났어요.

'내 고운 털이 잘리면 안 되지. 참나무 숲에서 가장 예쁜 다람쥐인데 벌레에게 당할 수는 없어.'

다람이는 자신의 황금빛 고운 털을 살살 문지르니 기분이 좋았어요. 역시 징그러운 벌레 생각을 없애는 데는 좋은 생각을 하는 게 제일이었어요.

"곧 가을이에요. 도토리를 모으는 때죠. 도토리에 대해서 여러 가지 시험을 볼 거니까 열심히 공부하세요."

도토리거위벌레 설명을 마친 선생님이 말했어요.

'헉! 시험.'

다람이는 움찔했어요. 다람이는 시험 보는 것을 가장 싫어해요. 공부보다는 멋내기에 열심이었으니까요.

다람이는 공부를 못 해도 인기가 많았어요. 그런데도 시험 얘기에는 신경이 쓰였어요. **아는 걸로 평가를 받는 건 공평하지 못하다는 생각을 하면서요.** 고개를 빠르게 두어 번 흔들었어요. 제 털에 매달렸던 무거운 시험 열매를 털어내기라도 하듯이요. 그러자 신기하게도 시험에 대한 조바심도 사라졌어요.

집에 오는 길에 재롱이가 말했어요.

"나한테 배운 거 잘 써 먹더라."

"뭘? 왜 또 시비야?"

장난스럽게 말하는 재롱이에게 다람이는 시치미를 뗐어요.

"도토리거위벌레가 나무 자르는 거."

놀리기라도 하듯 재롱이가 싱글거렸어요.

"나도 알고 있었거든!"

"며칠 전에 내가 말했을 땐 아니라더니?"

"그때 떨어진 나뭇가지만 도토리거위벌레가 자른 거 아니라고 한 거야!"

신경이 거슬린 다람이가 억지를 부렸어요.

머리털이 곤두선 다람이를 보며 재롱이는 싱글거렸어요. 다람이는 긴장하거나 화가 나면 머리털이 곤두서고는 했거든요.

다람이는 재롱이 장난기를 좋아했어요. 같이 있으면 재미있거든요. 재치가 있어서 친구들을 웃기는 재롱이가 부러울 때도 있었고요. **하지만 지금은 재롱이 장난기에 자존심이 상했어요. 자기는 몰랐던 걸 알은체한 걸 들킨 거였으니까요.**

"내가 선생님한테 칭찬 받으니까 싫은 거지?"

다람이는 엉뚱하게 받아쳤어요.

"그럴 리가요? 내가 가르쳐 준 걸 알고 있는 게 신기했는데요?"

재롱이가 놀리듯 대꾸했어요. 친구를 놀릴 때면 종종 어른에게 말하듯 했거든요.

"뭐라고? 에휴, 더워."

약이 오른 다람이가 떨어진 상수리나무 이파리를 잡고 부쳤어요. 바람이 조금 일었어요. 열이 조금 식는 것 같았어요.

"시원하기만 한데 왜 더우실까?"

재롱이가 혀를 쏙 내밀곤 돌아섰어요. 그러고는 저만치 쪼르르 달아났어요.

약이 오른 다람이는 속만 바글바글 끓었어요. 생각 같아서는 꿀밤이라도 먹이고 싶었어요. 하지만 마음뿐이었어요. 달리기도 일등인 재롱이를 쫓아가는 건 헛수고거든요.

바람이 살랑 불어왔어요. 제법 시원했어요. 가을이 오려나, 생각하며 다람이는 숨을 크게 들이켰어요.

'아, 시험! 두고 봐!'

결심이라도 한 듯 다람이는 이를 악물었어요.

경쟁이란 무엇일까?

같은 목적에 대하여 이기거나 앞서 나가기 위해 서로 겨루는 거예요.

경쟁이 없다면 어떻게 될까?
편안하고 여유롭기만 할까?

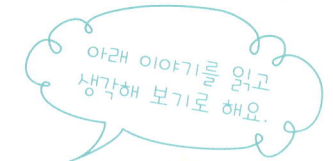

아래 이야기를 읽고 생각해 보기로 해요.

도도새는 인도양의 모리셔스에 살았던 새인데 지금은 멸종되어 버렸어. 도도새는 모리셔스 섬에서 아주 평화롭게 살았단다. 도도새를 공격하거나 잡아먹는 다른 동물들이 없었기 때문이지. 먹이를 찾아 경쟁하거나 적으로부터 도망갈 필요가 없어지자, 도도새의 날개는 점점 더 작아져서 날 수 없게 되어 버렸어.

그런데 언젠가 도도새가 사는 곳에 낯선 탐험가들이 들어오기 시작했어. 먹을 것이 부족했던 탐험가들은 날아서 도망가지 못하는 도도새를 잡아먹거나 볼거리로 팔기 위해 계속 잡아 대기 시작했어. 결국 도도새들은 모두 멸종되었지.

도도새가 낯선 사람들의 공격에 대응하지 못하고 도망도 가지 못한 채로 지구상에서 사라져 버린 이유는 너무 오랫동안 경쟁자가 없이 살아서 생존력이 약해졌기 때문이야.

거기에다 도도새를 마구 잡아 댄 인간들의 탐욕에 희생된 측면도 크단다.

1634년 토마스 허버트 기행문에 묘사된 도도새

사람이나 동물이나 적당한 긴장과 경쟁이 필요한 거네.

너무 과도한 경쟁이 아니라면 경쟁은 있어야 해.

나는 이렇게 생각해.

"

다 내 복이야

상수리나무가 바람에 흔들렸어요. 잘 익은 도토리 몇 개가 후드득 떨어졌어요.
참나무 숲이 분주해졌어요.
다람쥐 학교도 바빠졌어요.

잘 익은 도토리를 어떻게 보관할까, 하는 것은 다람쥐들에게 숙제였어요. 저마다 좋은 도토리 고르기와 도토리 보관법을 탐구했어요. 숲을 이리저리 다니면서 상수리나무, 떡갈나무, 신갈나무 등을 살폈어요. 떨어진 도토리를 까먹는 재미는 무엇과도 바꿀 수 없는 놀이였어요.

"저 열매들이 우리들 겨울 식량이 된단 말이지?"

다람이가 졸참나무를 가리켰어요. 작고 길쭉한 열매가 조롱조롱 맺혀 있었어요.

"그건 아네?"

재롱이가 생긋 웃으며 눈을 가늘게 떴어요.

"넌 내가 아주 바보인 줄 알지?"

"그럴 리가? 너처럼 멋쟁이라면 바보라도 괜찮긴 하지만."

"나 바보 아니거든!"

재롱이가 코를 찡긋했어요.

"두고 봐! 이번엔 다를걸."

샐쭉해진 다람이가 재롱이에게 떡갈나무 이파리를 내밀었어요. 거기에는 도토리를 조사한 것들이 빼곡하게 적혀 있었어요.

"오호! 공부 열심히 했네?"

"이번엔 나도 백 점 자신 있다고."

또박또박 말했지만 다람이 목소리에는 자신감이 없었어요. 재롱이를 이길 수 없을 것 같았거든요.

"목소리에 힘이 없는데……."

재롱이가 말꼬리를 늘였어요.

"힘찬 목소리로 공부하냐?"

"그럼 복습해 볼까?"

"됐거든! 공부는 혼자 하는 거라며?"

떡갈나무 이파리를 펄럭이며 다람이가 돌아섰어요.

재롱이는 종종 말했어요. 공부는 혼자서 하는 거라고. 공부가 귀찮은 다람이는 곧잘 재롱이에게 정답을 물었어요. 그럴 때마다 재롱이는 정답을 가르쳐 주지 않았어요. 대신 정답을 알 수 있는 방법을 설명했어요.

"공부는 혼자서 스스로 하는 거야."

재롱이가 눈을 가늘게 떴어요.

또 뭔가 놀림거리를 찾으려는 모습이었어요. 이번에는 다람이도 화가 나지 않았어요. 그동안 나름 도토리에 관한 걸 많이 알아 두었거든요. 늘 백 점인 재롱이를 이길 수는 없겠지만 좋은 성적을 얻을 것 같았거든요.

시험을 치르는 날이 되었어요.

"여러분, 부모님들은 올해도 겨울 식량 준비로 바쁩니다. 여러분은 시험 준비로 바빴겠지요?"

선생님 말에 어린 다람쥐들이 김빠진 소리를 냈어요.

"아, 시험 없는 나라에서 살고 싶다!"

누군가 말했어요. 너도나도 맞장구를 쳤어요.

"오늘 치르는 시험은 우리가 꼭 알아야 하는 것들이에요. 잘 익은 도토리 고르기, 도토리 많이 모으기, 묻어 둔 도토리 찾기에 관한 방법이니까요. 우리가 먹고 사는 문제니 지금까지 배우고 익힌 것을 잘 생각해서 하나도 틀리지 않도록 하세요."

예쁜 선생님 말에도 다람쥐들은 심드렁했어요. 시험이라는 말만 들어도 머리에 쥐가 날 것 같았어요. 선생님이 떡갈나무 이파리 시험지를 나눠 주었어요.

재롱이는 열 문제를 금세 풀었어요. 재롱이는 다람이 시험지를 슬쩍 넘겨다보았어요. 재롱이가 보는 것도 모른 채 다람이는 열심히 풀고 있었어요.

다람이는 겨우 세 문제를 풀고는 한참을 망설였어요. 도토리나무 종류는 몇 가지인지 묻는 거였어요.

"아, 알았었는데……."

들릴락 말락 다람이가 중얼거리며 고개를 갸웃거렸어요.

재롱이는 다람이를 슬쩍 쳤어요. 다람이가 신경질적인 표정으로 고개를 돌렸어요. 재롱이는 동그랗게 입을 벌리곤 그 옆에다 얼른 연필을 갖다 댔어요.

"맞아. 생각났어!"

다람이가 숫자 6을 썼어요.

재롱이는 고개를 끄덕하곤 다시 앞을 보았어요.

"자, 서로 시험지를 바꿔서 점수를 매기세요."

시간이 지나자 선생님이 말했어요.

서로 점수 걱정을 하느라고 교실이 술렁거렸어요. 재롱이와 다람이도 시험지를 바꿨어요.

다람이는 열 문제 중 두 개를 틀렸어요.

'내가 힌트를 안 줬으면 다람이는

세 개나 틀렸잖아?'

다람이를 힐끗 흘겨본 재롱이는 잠시 고민했어요. 그러다가 얼른 틀린 답을 고쳤어요. 선생님 눈치를 살피면서요.

이번에는 다람이가 정말 열심히 공부한 걸 재롱이도 알고 있었어요. 백 점을 맞고 싶어 안달하는 게 보일 정도였어요.

"점수 다 매겼으면 다시 시험지 바꾸세요."

선생님 말에 시험지를 받아든 재롱이는 깜짝 놀랐어요. 빨간 줄이 한 개 그어져 있었기 때문이에요.

"헉! 내가 왜 이랬지?"

너무 쉬운 문제를 틀리다니 짜증이 났어요.

졸참나무를 굴참나무로 읽은 거였어요. 재롱이가 모를 리가 없는 문제였지요. 정직하게 점수를 매기면서 다람이도 잠시 고개를 갸웃거렸던 문제였어요.

재롱이는 속이 상했어요. **자기는 다람이의 답지를 고쳐서 백 점이 되게 했는데 그 마음을 몰라준 다람이가 야속했어요.**

"야!"

재롱이는 말을 하려다 멈칫했어요. 낮았지만 비명 같은 말을 선생님이 잘랐어요.

"다 맞은 친구?"

아무것도 모르는 다람이는 손을 번쩍 들었어요.

"설마 재롱이 시험지를 네 건 줄 아는 건 아닐 테지?"

귀염이가 놀렸어요.

"아니거든!"

다람이는 소리를 '빽' 질렀어요.

"재롱이는?"

선생님은 재롱이가 당연히 다 맞은 줄 알고 물었어요. 재롱이는 멈칫거렸어요. 너무 잘 아는 문제를 덤벙대다가 틀렸으니까요. 게

다가 다람이보다 점수가 낮다니 어이가 없었어요.

"도토리거위벌레에 대해서도 잘 알더니 다람이가 공부를 열심히 한 모양이구나. 이번엔 다람이가 일등이네."

선생님이 박수를 쳤어요. 친구들도 박수 쳐 주었어요. 예쁜데 공부까지 잘하는 다람쥐가 된 것 같아서 다람이는 뿌듯했어요.

재롱이는 속이 마구 오글거렸어요. 다람이보다 더 잘하고도 점수가 더 낮은 게 억울해서 박수도 치지 않았어요.

"틀린 학생은 틀린 문제를 적어서 다시 풀어 오세요."

수업이 끝나고, 재롱이는 다람이를 기다렸어요. 커다란 상수리나무 아래는 시원했지만 재롱이는 더웠어요. 혼자서 씩씩거리자니 속에서 자꾸 열이 났어요.

"야!"

재롱이가 회갈색 털을 곤두세운 채 소리를 질렀어요.

"아, 깜짝이야! 재롱아, 안 갔어?"

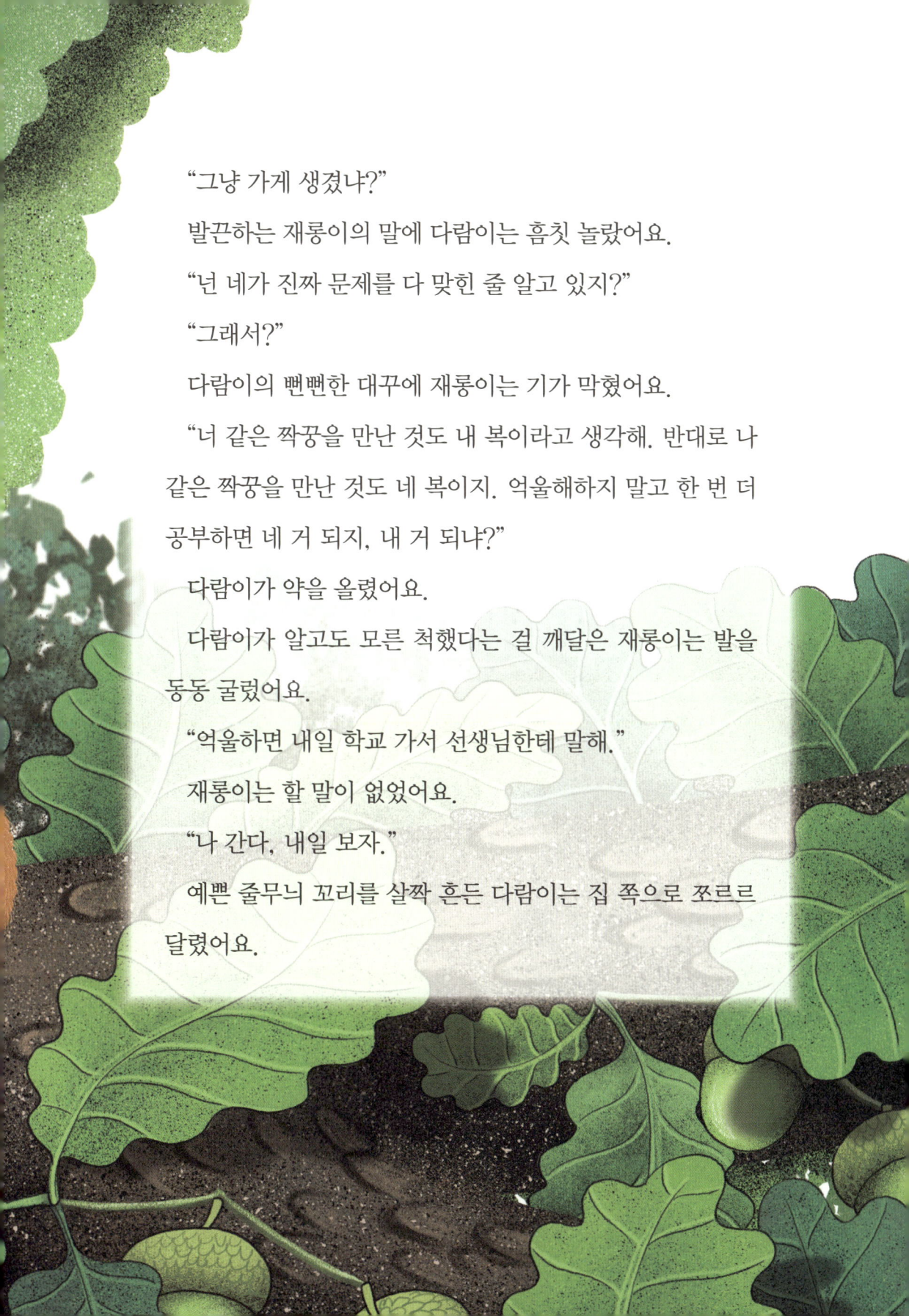

"그냥 가게 생겼냐?"

발끈하는 재롱이의 말에 다람이는 흠칫 놀랐어요.

"넌 네가 진짜 문제를 다 맞힌 줄 알고 있지?"

"그래서?"

다람이의 뻔뻔한 대꾸에 재롱이는 기가 막혔어요.

"너 같은 짝꿍을 만난 것도 내 복이라고 생각해. 반대로 나 같은 짝꿍을 만난 것도 네 복이지. 억울해하지 말고 한 번 더 공부하면 네 거 되지, 내 거 되냐?"

다람이가 약을 올렸어요.

다람이가 알고도 모른 척했다는 걸 깨달은 재롱이는 발을 동동 굴렀어요.

"억울하면 내일 학교 가서 선생님한테 말해."

재롱이는 할 말이 없었어요.

"나 간다, 내일 보자."

예쁜 줄무늬 꼬리를 살짝 흔든 다람이는 집 쪽으로 쪼르르 달렸어요.

인문철학 왕 되기

경쟁에는 무엇이 필요할까?

경쟁에 필요한 게 있다면 그건 바로 뛰어난 실력 아닐까요?

달리기 경주를 할 때 모두가 잘 달리기만 하면 될까? 공정한 경쟁이 되려면 무엇이 필요할까?

같은 시간, 같은 선 상에서 달려야 하고 달리는 구간이 같아야 해요.

그냥 달리면 안 돼요. 출발 신호와 함께 동시에 같이 달려 나가야죠.

맞아. 경쟁은 같은 목적을 가진 사람들이 동등한 규칙을 지키며 하는 거란다. 규칙은 여러 사람이 다 같이 지키기로 한 법칙이야. 규칙을 지켜야 공정한 경쟁이 이루어진단다.

소쌤의 철학특강

전쟁을 멈추게 한 규칙

경쟁을 잘 하기 위해서 무엇이 필요할까?
가장 먼저 규칙이 필요해.

신호등을 건널 때 초록불이 켜지면 건너고 빨간불이 켜지면 멈추는 규칙이 있어 우리가 안심하고 길을 건너. 경쟁은 서로 겨루는 것이지만 또 경쟁에 참여하는 사람들끼리 우정을 단단히 하기 위한 것이기도 해.
사람들에게 널리 알려진 공식적인 경쟁은 먼 옛날 그리스에서 열린 올림픽 경기란다.
당시에는 수많은 도시 국가들끼리 땅을 차지하고 먹을거리를 얻기 위해서 끊임없이 전쟁을 했어. 하지만 올림픽 경기를 할 때만큼은 서로 적이라는 사실을 잊고, 경기 규칙을 지

키는 공정한 방식으로 모든 경기를 치루었다고 해. 올림픽은 결국 많은 사람들이 화목하게 지낼 수 있는 그런 경쟁이었다고 할 수 있지.

경쟁을 할 때 가장 중요한 것은?

경쟁을 할 때 경쟁에 참여한 사람들이 서로 만족하고 좋아할 수 있기 위해 필요한 것은 무엇일까요? 다음에서 찾아 O표 해 보세요. 그리고 여러분이 생각하는 또 다른 것들도 알려 주세요.

- 비슷한 몸집
- 똑같은 목표
- 규칙을 지키겠다는 마음가짐
- 같은 나이
- 서로 배려하는 마음

또 다른 것은?

이제부터 전쟁이야

다음 날부터 다람이와 재롱이는 사사건건 다투었어요.

"내 덕분에 백 점 맞은 주제에……."

다람이가 무얼 조금이라도 알은체하면 재롱이가 빈정거렸어요.

"선생님과 친구들을 속인 건 너야."

다람이는 당당했어요. 억울하면 언제든 친구들과 선생님 앞에서 밝히라고 큰소리까지 쳤어요. 둘의 다툼은 공부 시간에도 티가 났어요.

"좋은 도토리를 고르는 방법에는 어떤 것들이 있을까?"

"껍질이 매끈한 걸 골라야 해요."

선생님 질문에 다람이가 대답했어요.

"다람쥐든 도토리든 겉모습만 보고는 알 수 없어요. 이빨로 깨

물어 보고 단단한 걸로 골라야 해요."

재롱이가 반대 의견을 냈어요. 예쁘다고 잘난 척하지만 다람이가 속까지 예쁜 건 아니라는 말을 하고 싶었거든요.

"깨물다 껍질이 깨지면 썩기 쉬워요. 그러면 보관이 안 돼요."

재롱이 말뜻을 눈치 챈 다람이도 지지 않았어요. 재롱이의 실수를 꼬집은 의견이었어요.

"껍질이 깨진 건 먼저 먹고, 성한 걸로만 보관하면 돼요."

"다람이 생각도, 재롱이 생각도 틀리지 않아요. 다른 의견을 통해서 더 나은 방법을 찾자는 게 선생님 생각이에요."

팽팽하게 맞서는 다람이와 재롱이를 선생님이 달랬어요.

"우리는 경쟁을 통해서 발전해요. 다른 의견에 대한 반대 의견을 낼 때는 다람이와 재롱이처럼 그에 맞는 이유를 덧붙여야 해요."

"자, 다음은 사람들이 가져가는 도토리 지켜내기에 대한 생각을 말해 볼까요?"

선생님이 다른 다람쥐를 둘러보며 물었어요.

"사람들이 덜 다니는 숲으로 우리가 살 곳을 옮겨야 해요."

귀염이가 말했어요. 선생님이 살짝 미소를 지었어요.

"그 방법도 괜찮지만……."

재롱이가 귀염이의 의견에 대한 생각을 밝히려 할 때였어요. 다람이가 재롱이의 말을 뚝 자르고 나섰어요.

"그러면 아예 이사를 가든가. 저는 사람들과 나누는 것도 괜찮다고 생각해요."

"누가 이사를 간댔냐? 이건 나누는 게 아니라는 거지. 사람들은 우리가 먹을 것도 남기지 않고 다 주워 가잖아? 멧돼지들이랑 나눠 먹을 것조차 없는 형편인데 이건 말도 안 돼!"

화가 난 재롱이는 아예 다람이를 보고 말했어요.

"대신 사람들은 우리에게 먹을 것을 주잖아요. 멧돼지야말로 우리 걸 뺏어가기만 해요."

"우리는 사람들이 기르는 애완동물이 아니야. 우리 힘으로 얼마든지 구해 먹을 수 있는데, 주는 걸 얻어먹으면 게을러져서 나중에 고생하게 된다고!"

"게을러지는 건 자신의 문제죠. 그렇게 안 되도록 노력하는 것도 우리 일이라고 생각해요."

"사과니 포도니 하는 것들을 얻어먹었다가 배탈이 나서 고생하고도 사람들을 두둔하다니……. 네가 거지냐?"

재롱이가 다람이를 쏘아보았어요.

"뭐? 나눠 먹기 싫으면 귀염이랑 더 깊은 숲으로 이사 가 버려!"

다람이가 발딱 일어섰어요. 재롱이를 할퀴기라도 할 것 같았어요.

"나는 왜?"

살 곳을 옮겨야 한다는 의견을 냈던 귀염이가 머쓱해져서 어깨를 들썩였어요.

다람이와 재롱이는 씩씩거리며 서로를 노려보았어

요. 공부 시간만 아니면 엎치락뒤치락 싸울 태세였어요.

"자, 그만. 토론이 열띠다 보면 싸움으로 번지기도 해요. 자신의 생각을 제대로 전달하기는 참 어렵답니다. 다람이와 재롱이는 단짝이니 나중에 둘이서 다시 토론해 보렴."

선생님이 다람이에게 앉으라고 했어요.

"다람이가 요즘 부쩍 공부에 열심인 거 같은데? 한 번 백 점 맞으니 공부에 흥미가 생겼구나."

씨근덕거리며 자리에 앉은 다람이를 선생님이 칭찬했어요.

재롱이 때문에 옹졸해졌던 다람이는 마음이 조금 풀어졌어요.

다람이는 거울을 꺼내며 콧방귀를 뀌었어요. 재롱이 따위는 관심도 없다는 듯 거울을 보며 억지 웃음까지 지었어요.

재롱이는 달랐어요. 공부가 다 끝날 때까지도 가슴이 답답했어요. 집에 오는 길에도 재롱이는 속이 부글부글 끓었어요.

"다람이 너랑은 이제부터 전쟁이야."

다람이보다 먼저 집으로 오면서 중얼거렸어요.

며칠이 지났어요. 그때까지도 다람이와 재롱이는 여전히 서먹한 채였어요.

"다람이랑 싸웠니?"

학교를 가려는데 엄마가 물었어요.

"몰라요!"

"너희가 싸운 게 어디 한두 번이니? 또 금방 헤헤거릴 테지."

엄마는 둘이 다툰 걸 눈치챘지만 별일 아니라는 듯 말했어요.

재롱이는 다람이가 사과하기 전에는 절대로 같이 놀지 않겠다고 다짐했어요.

"재롱이랑 또 다퉜구나. 이번엔 오래 가네?"

학교를 가려던 다람이도 엄마 말에 멈칫했어요.

"몰라요."

다람이 대답이 심드렁했어요.

"하긴. 늘 붙어 다니니 안 싸우면 다행이지. 하지만 재롱이 같은 친구도 없다는 거 알지?"

엄마들은 별 일 아니라는 듯 웃어넘겼어요. **툭하면 다투면서도 서로를 챙기는 단짝이라는 걸 모르지 않았으니까요.**

'엄마가 모르는 것도 있다고요.'

다람이는 속으로 중얼거렸어요.

학교 토론 시간이었어요.

조별 문제는 여러 가지였어요. 좋은 도토리 고르기, 참나무의 종류와 열매 모양 알아내기, 각각 다른 참나무 이름이 붙은 이유 알아보기, 도토리거위벌레로부터 도토리 지키기 등 도토리에 관한 것들이었어요.

선생님이 토론 문제가 적힌 굴참나무 이파리를 뒤집었어요.

"그동안 공부한 문제들이니 토론하다 보면 다 알 수 있을 거예요. 조별 대표는 나와서 문제지를 하나씩 집어 가세요."

선생님은 문제지를 돌 위에 얹었어요. 저마다 쉬운 문제를 고르고 싶었지만 알 수 없었어요.

다람이와 재롱이네 조가 토론할 문제는 묻어 둔 도토리 찾기였어요. 다람이와 재롱이는 토론을 시작했어요. 서로 꼴도 보기 싫었지만 둘은 같은 조니까요.

"묻어 둔 자리에 표시해야 해."

"어떻게?"

"동그라미를 치든지, 나무를 박아 두는 걸로 하면 되지."

그것도 모르느냐는 듯 다람이가 말했어요.

"비가 오거나 나뭇잎이 쌓이면 그 표시를 어떻게 찾아?"

"계속 살펴야지."

"그러다 다른 동물들이 먼저 알고 파 가면?"

"……!"

재롱이가 계속 묻자, 다람이는 할 말이 없었어요.

"네 생각은 뭔데?"

"묻어 두고 잊는다."

"뭐? 이런 멍청이!"

"멍청이는 너야. 이건 우리 다람쥐 조상들이 살아온 지혜야. 묻

어 둔 도토리를 잊고 지낸 덕분에 이듬해면 거기서 싹이 터서 숲이 더 우거진 거거든."

재롱이가 빙글거렸어요.

"야! '묻어 둔 도토리 찾기'가 문제거든. 근데 잊는 게 답이라고?"

말도 안 된다는 듯 다람이가 따졌어요.

둘의 의견은 좀처럼 모아지지 않았어요. 어쩔 수 없이 둘의 의견을 다 적기로 했어요. 선생님도 둘의 의견이 다 옳다고 했어요. 사는 데 정답은 없는 거라고요.

다음 날부터 다람이는 매일 달리기 연습을 했어요. **어떻게든 재롱이를 이겨 보고 싶었어요.** 쉽지는 않았지만 매일 연습하니 조금씩 나아졌어요.

조금만 달려도 숨이 차던 것은 아주 좋아졌어요. 꽤 멀리까지 달려도 처음처럼 숨이 차지는 않았어요.

"이게 무슨 고생이람. 재롱이가 사라졌으면 좋겠어."

집으로 돌아온 다람이가 투덜거렸어요.

"또 무슨 일이니?"

"있어요. 그런 거."

다람이가 힐끗 엄마를 보았어요.

"뭔가 단단히 삐쳤구나. 그렇다고 재롱이가 사라졌으면 좋겠다는 생각을 할 줄은 몰랐네."

"엄마는 아무것도 모르면서!"

애꿎은 엄마한테 화풀이를 했어요.

"얘길 해 줘야 알지."

"아, 몰라요."

다람이는 방으로 들어갔어요.

사실대로 말할 수 없었어요. 백 점을 맞았다고 엄마가 아주 좋아했거든요. 그 덕분에 다람이도 공부에 관심을 갖게 되었고요.

재롱이가 답을 고쳤다는 말을 하기 싫었어요. 답을 고친 재롱이의 잘못이라고 생각했고, 다람이는 처음에는 그 사실을 몰랐으니까요.

사실을 알고 난 뒤에도 다람이는 시치미를 뗐어요. 엄마나 선생님한테도 백 점인 척한 일은 말할 수 없었어요. 재롱이가 힌트를 줘서 한 문제를 더 맞혔는데도 사실은 80점이었다고 말이에요.

"진짜 먼 동네로 이사라도 가 버려라!"

다람이는 재롱이네 집 쪽을 향해 소리쳤어요. 재롱이가 집에 있다면 듣기를 바랐어요. 재롱이만 없어진다면 달리기도 일등 할 수도 있을 것 같았어요. 그렇다면 도토리 모으기 대회에서도 일등 하는 건 쉬운 일이고요.

"아, 진짜 재롱이만 없으면……."

다람이는 힘주어 말했어요.

다람이는 재롱이가 사라진 후를 생각했어요. 용모도 일등, 도토리 모으기도 일등인 제 모습을 떠올려 보았어요. 다람이는 가라앉았던 기분이 조금은 좋아졌어요.

우리는 경쟁을 통해 발전하는 걸까?

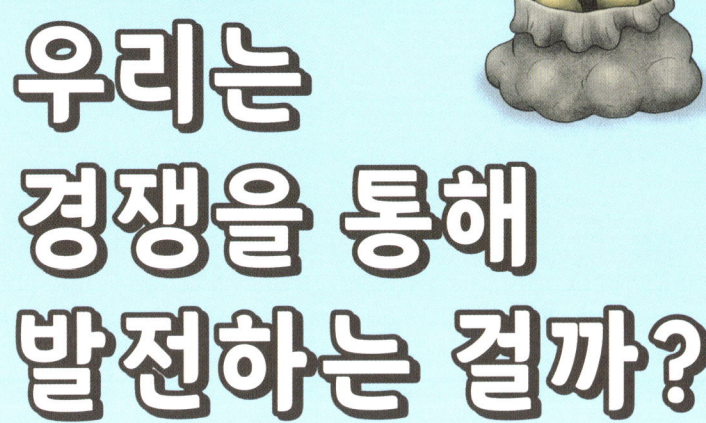

경쟁에서 이기면 발전하고, 지면 뒤처지는 걸까요?

경쟁하다 보면 어떤 좋은 점이 있을까?

▶▶▶

저는 혼자 달리기 할 때보다 같이 할 때 더 빨리 달려요.

저도 지혜랑 벌인 수학 시험 점수 내기에서 졌지만 수학 공부를 자꾸 하다 보니, 이제는 수학이 좋아졌어요.

▼▼▼

맞아요. 저도 원래 새롬이보다 수학을 못 했는데 이번에 내기에 이겨서 뿌듯해요.

◀◀◀

내기에 졌는데도 좋아하는 걸 보니 서로 경쟁하는 것에도 장점이 있구나.

- 경쟁을 해서 좋은 점은 무엇이 있을까요?

소쌤의 인문 특강 — 경쟁을 통한 발전

**우리는 나라든 개인이든 경쟁을 통해 발전하기도 해.
경쟁을 하는 것은 나를 발전시키는 힘이란다.**

개인 컴퓨터와 인터넷, 그리고 모마일 핸드폰 시대를 연 인물이 있어. 바로 1955년생 동갑내기인 빌 게이츠와 스티브 잡스야.

빌 게이츠는 더 잘 팔리는 대중적인 상품을 만들기 위해 애를 썼고, 스티브 잡스는 더 좋은 제품, 세계를 놀라게 할 아주 새로운 제품을 만들기 위해 애를 썼지. 둘은 성향이 달랐지만 서로 노력해서 잘 팔리는 좋은 제품을 만들었고, 사람들에게 새로운 시대를 열어 주었어.

경쟁자이면서 협력자였던 스티브 잡스와 빌 게이츠

최고의 승리자에게는 최고의 경쟁자가 있지.

세계 최고의 피겨 스케이트 선수로 이름을 날린 김연아에게는 오랜 경쟁자인, 일본의 피겨 스케이트 선수 아사다 마오가 있었어.

김연아와 아사다 마오는 2004년부터 10여 년 동안 치열한 경쟁을 벌였어. 두 선수는 서로를 뛰어넘기 위해 새로운 기술을 연마하고 단련시켰지. 함께 경쟁을 하는 이가 있어서, 또 경쟁에서 이기기 위해 스스로 눈부시게 발전한 거야.

플라톤이 내 경쟁자라고? 하하! 플라톤은 내 제자란다.

김연아

아사다 마오

도토리 모으기 대회

"다람아, 엄마 심부름 좀 해 줄래?"

골똘한 생각에 빠진 다람이를 엄마가 불렀어요.

"깜짝이야!"

"왜 놀라?"

"무슨 생각하는데 갑자기 큰 소리로 부르니까 그렇죠!"

다람이 목소리에 날이 섰어요.

"뭘 갑자기 큰소리로 불러? 두 번이나 불러도 대답이 없어서 크게 부른 건데."

"뭔데요?"

다람이는 마음을 들킨 것 같아서 아무 일도 없었던 듯 물었어요.

엄마가 포도알 몇 개를 내밀었어요.

"이거 재롱이네 좀 갖다줘라."

"이건 내가 사람들한테서 얻은 거잖아요?"

다람이가 따지듯 물었어요.

포도는 다람이가 어제 얻은 거였어요. 재롱이 때문에 마음이 꽁해져서 오다가 사람들과 마주쳤어요.

"어머! 이 다람쥐 정말 예쁘다."

"이거 봐. 저도 관심 받는 걸 아는지 도망도 안 가네."

사람들은 다람이에게 먹을 것을 자꾸 던져 주었어요.

"다람쥐가 포도도 먹나?"

키가 자그마한 아줌마가 포도를 한 알 떼어 주었어요. 다람이는 그걸 얼른 뺨에 넣었어요.

"어머! 냉큼 받아먹네."

"진짜 신기하네."

다른 아줌마가 또 던져 주었어요. 다람이는 포도알을 던져 주는 대로 다 뺨에 넣었어요. 뺨이 터질 것 같았어요.

얼른 집으로 돌아와 포도알을 뱉어 놓고 다시 갔어요. 사람들은 그때까지 그곳에 있었어요. 두 번을 더 오락가락하며 얻은 포도알을 재롱이네 집에 갖다 주라니 심술이 났어요.

"나도 아껴둔 건데."

"그러니까 재롱이네도 나눠 줘야지. 네가 재롱이 덕분에 공부랑 운동을 얼마나 열심히 하게 됐는데……."

엄마 말이 틀린 건 아니었지만 재롱이 덕분이란 말에는 기분이 나빴어요.

"그게 왜 재롱이 덕분이에요. 맨날 멋만 부린다고 놀리는 게 누군데? 그냥 나도 할 수 있다는 걸 보여 주려는 거거든요!"

머쓱해진 다람이가 샐쭉해져서 투덜거렸어요.

"우리도 재롱이네서 잘 익은 도토리를 자주 얻어먹잖아. 재롱이가 있어서 네가 더 노력하게 되는 건 맞네. 그래. 진정한 경쟁은 네가 노력해서 이기는 거야. 그리고 지더라도 떳떳하게 지는 건 너 자신을 이기는 거란다. 세상에는 자기 자신만큼 큰 경쟁자는 없거든."

엄마 말에 할 말이 없었어요. 그동안 재롱이네서 도토리를 종종 얻어먹었거든요.

재롱이네는 좋은 도토리를 잘 모았어요. 한 번만 봐도 잘 익은 걸 귀신같이 알아냈어요. 그건 재롱이도 마찬가지였어요. 어릴 때부터 엄마랑 아빠한테 들은 대로 했다는데 신기할 정도였어요.

"재롱이가 지난번에 나보고 거지 같다고 했어요. 사람들한테 이런 거나 얻어먹는다고."

"설마? 재롱이가 그런 말을 했을 리가? 무슨 일이 있었기에 재롱이가 그런 말까지 했니?"

"엄마는 맨날 재롱이 편이죠?"

"그게 아니라 너도 무슨 말인가를 했을 거고, 그렇게 다투다가 나온 말이라면 너도 참고 있지만은 않았을 거란 얘기지. 둘 다 나쁘거나 둘 다 착하거나. 얼른 이거나 갖다주고 와. 아니면 내일 학교 갈 때 재롱이한테 따로 전해 줄래?"

"아, 아니에요. 갈게요."

다람이는 포도알을 얼른 챙겼어요.

문 앞에서 재롱이 엄마를 만나길 바랐어요. 포도알만 전하고 돌아서면 재롱이를 보지 않아도 되거든요. 내일 재롱이한테 직접 주는 건 정말 싫었어요. 먼저 사과하는 것 같거든요.

재롱이네 문 앞에는 아무도 없었어요. 다람이는 잠시 망설이다 포도알을 문 안에 살짝 넣어 두고 돌아섰어요. 포도알을 싼 떡갈나무 이파리에 '다람 엄마'라고 써 두는 것도 잊지 않았어요.

 그날 오후, 참나무 숲에는 요란한 소리가 났어요. 참나무가 자꾸 시든다고 약을 치는 소리였어요. 어떤 나무는 베어내기도 했어요. 잘린 나무들은 묶인 채 여기저기 쌓였어요.
 시끄럽던 참나무 숲은 한참이나 지난 뒤에야 조용해졌어요. 나무들이 잘려나간 자리는 허전했어요.
 다음 날 재롱이는 학교에 오지 않았어요.
 "재롱이는 간밤에 배탈이 너무 심해서 결석이에요."
 "왜 배탈이 났어요?"

귀염이가 다람이의 궁금증을 대신 말했어요.

"글쎄, 뭘 잘못 먹은 모양이야. 다들 낯선 음식들 조심하기로 해요. 내일은 도토리 모으기가 있는 날이니 건강에 더욱 신경 써야겠어요."

선생님 말을 들으면서 다람이는 마음이 쓰였어요.

혹시 어제 갖다 준 포도가 잘못된 걸까, 직접 전해 주지 않아서 그 사이 상했나, 재롱이가 그걸 먹고 배탈이 난 건 아닐까, 다람이는 이런저런 걱정에 잠겼어요. 재롱이가 사라졌으면 좋겠다는 생각을 했던 일이 생각났거든요. **이사 가길 바라는 마음이었지 아파서 잘못되길 바란 건 아니었어요.**

집에 오니 엄마가 불렀어요.

"포도를 직접 전했어야지."

엄마가 다람이를 가볍게 나무랐어요.

"왜요?"

"네가 두고 온 포도에 사람들이 뿌린 약이 묻었나 봐. 재롱이는 그걸 먹고 탈이 났고. 귀한 거라고 재롱이네 엄마 아빠는 안 먹고 재롱이만 줬단다."

다람이는 가슴이 철렁했어요.

"재롱이는요? 괜찮대요?"

"왜? 재롱이가 사라졌으면 좋겠다더니?"

"내가 언제요? 그게 아니라고요. 으아앙!"

팔짝팔짝 뛰던 다람이는 울음을 터트렸어요.

한번 터진 울음은 걷잡을 수 없었어요. 엄마가 더 뭐라고 하지도 않는데 왠지 억울했어요. 재롱이한테 미안하기도 했어요. 별일도 아닌 걸로 다툰 게 후회되었어요. 그렇다고 당장 찾아갈 용기는 없었어요. 그런 생각을 하다 보니 울음이 멈추지 않았어요.

"괜찮아. 울지 마. 네 맘이 전해졌는지 약이 심하게 묻지는 않아서 재롱이가 기운은 차렸대."

"흐윽!"

다람이는 겨우 울음을 그쳤어요.

"한번 가 볼래?"

"……"

다람이는 고개만 가로 저었어요.

다음 날이 되었어요.

"그동안 운동들 열심히 했지요?"

다람쥐 학교 마당에 모여 선 아기 다람쥐들에게 선생님이 물었어요.

"예!"

다람쥐들이 대답했어요.

다람쥐들은 저마다 그동안 운동한 것을 뽐냈어요. 몸을 쭉 늘이는가 하면 잔뜩 웅크렸다 뛰어오르기도 했어요. 도토리를 모을 뺨을 빵빵하게 만들기도 했어요.

풀이 죽은 다람이는 옆자리를 살폈어요. 재롱이는 아직 오지 않았거든요.

"겨울을 나려면 도토리를 모아야 해요. 열심히 운동했으니까 다들 즐겁게 부모님을 돕기로 해요. 오늘도 일등한 친구에게는 상수리 열매 스무 개를 상품으로 줄게요."

선생님 말이 끝났을 때였어요.

친구들이 대답도 하기 전에 귀염이가 소리쳤어요.

"어? 재롱이다!"

다람이도 고개를 돌렸어요.

재롱이는 핼쑥했어요. 하루 사이에 살이 쏙 빠진 것 같았어요. 기운도 없어 보였어요. 옹이처럼 박혔던 미움이 깨끗이 사라졌어요.

재롱이는 작은 자루를 손에 들고 있었어요. 도토리 모으기를 하려는 마음이 기특했어요.

"여러분. 배탈이 아직 말끔히 낫지 않았을 텐데 도토리 모으기에 나온 재롱이에게 우리 모두 응원의 박수를 쳐 줄까요?"

선생님 말에 다람이는 기뻤어요. 친구들을 따라 박수를 크게 쳤어요.

"일등 놓칠까 봐 나왔니?"

다람이가 마음과는 다른 말로 퉁명스럽게 물었어요.

"네가 나 이기려고 열심히 운동한 거 다 알아. 헛수고 했네. 그렇게 안 했어도 네가 일등일 텐데……."

재롱이는 힘없이 웃었어요.

"산골짝에 다람쥐 아기 다람쥐 도토리 점심 가지고 소풍을 간다!"

숲 체험을 온 유치원 아이들의 노랫소리가 들렸어요. 노란 모자를 쓴 아이들이 숲을 노랗게 물들였어요.

"사람들은 우리에게 돌을 던지기도 해요. 다치지 않도록 자리를 옮깁니다."

　선생님이 주의를 주며 앞장섰어요. 선생님을 따라서 다람쥐들도 자리를 옮겼어요. 조용한 숲에 닿자 선생님이 말했어요.

"지금부터 도토리 주우세요. 이름이 적힌 자기 자루는 여기 두고 볼에 채운 도토리를 여기다 갖다 넣으세요."

선생님은 다람쥐들 이름이 적힌 자루를 한 곳에 모아 두었어요.

숲에는 온통 참나무뿐이었어요. 도토리도 그만큼 많았어요. 사람들이 많이 찾지 않는 곳이라 풀이 많이 자란 숲에는 잘 익은 도토리가 넘쳐났어요.

저마다 눈에 띄는 도토리를 줍기 시작했어요. 조용하던 숲속이 갑자기 분주해졌어요.

다람이는 쥐똥 같은 눈을 두리번거리며 도토리를 주웠어요. 주운 도토리를 뺨이 터지도록 넣었어요. 그렇게 모은 걸 준비해 온 자루가 있는 곳으로 부지런히 날랐어요.

다람이는 틈틈이 재롱이를 살폈어요. 재롱이는 천천히 도토리를 주웠어요. 느릿느릿 움직이는 게 재롱이답지 않았어요.

"아예 포기하지 그래. 그래 봤자 어차피 일등은 못 할 건데."

다람이가 놀리듯 말했어요.

다람이의 말을 듣기로 한 걸까요? 재롱이는 종종 상수리나무에 몸을 기댔어요. 눈까지 감은 채 늘어졌다가 다시 느릿느릿 도토리를 주웠어요. 몇 번이나 자루에다 쏟아 부었지만 자루는 반도 차지 않았어요.

"그만 포기하시지. 그래 봤자 이번에도 내가 이기겠지?"

도토리를 줍다 말고 다람이가 재롱이에게 속삭이고 달아났어요. 다람이의 자루에는 벌써 도토리가 가득했어요. 다른 친구들의 자루도 꽤 많이 찼어요.

'저게? 약까지 올리고 있어.'

시험지 사건이 생각난 재롱이는 잠시 속이 상했어요.

도토리를 넣은 다람이의 뺨은 벌써 몇 번째나 터질 듯 부풀었어요. 뺨이 터질 듯하면 자루에다 붓기를 계속했어요. 이제 멋내기는 포기한 건지 다람이는 일꾼처럼 빠르게 몸을 놀렸어요. 그동안 도토리 줍기 연습을 정말 많이 한 것 같았어요.

'그랬어? 어떻게든 나를 이겨 보고 싶었구나.'

다람이의 마음을 읽은 재롱이는 마음을 고쳐먹었어요.

오늘은 어차피 누구도 이길 생각이 없었어요. 아무리 애를 써도 다람이는커녕 반 친구 누구도 이길 수가 없을 거니까요. 그럴 바에는 차라리 다람이가 꼭 일등하기를 빌었어요.

"그래, 이겨 봐라."

재롱이는 포기를 하고 나니 마음이 편해졌어요.

마음이 편해져서일까. 잠시 쉬려던 재롱이는 까무룩 잠이 들었어요.

얼마를 잤을까, 친구들을 부르는 선생님의 목소리가 들렸어요.

"얘들아, 시간 다 됐으니 이제 마무리하자."

선생님의 소리에 재롱이도 눈을 떴어요. 잠을 자고 나니 몸이 한결 가벼워졌어요.

재롱이는 천천히 도토리 자루가 있는 데로 갔어요. 뺨이 볼록한 친구들이 하나둘씩 모여들었어요. 친구들은 저마다 제 이름이 적힌 자루에 뺨에 든 도토리를 쏟아 냈어요.

"자, 다들 주운 도토리를 검사해 볼까?"

선생님이 도토리 자루를 하나씩 들어 무게를 쟀어요.

"재롱이는 아픈 중에도 이렇게나 주웠구나. 제일 많겠는데?"

선생님이 재롱이의 자루를 들어 보였어요.

"……?"

재롱이는 고개를 갸웃거렸어요. 재롱이 자루가 그득했거든요. 다른 친구들 자루보다 도토리가 더 많았어요. 참 알 수 없는 일이었어요.

"재롱아, 어서 나와."

재롱이를 선생님이 불렀어요.

재롱이는 어리둥절한 채 주위를 돌아보았어요. 잠이 덜 깬 건가, 눈을 꼭 감았다 떴어요. 처음에 모였던 자리가 분명했어요. 그런데도 꿈을 꾸고 있는 것 같았어요.

"어서 나가. 네가 일등이라잖아?"

다람이가 재촉했어요.

그제야 다람이의 자루를 보았어요. 다람이는 이등이었어요. 혼자서 두 자루나 모으다니 다람이가 얼마나 부지런히 움직였는지 알 것 같았어요. 배탈이 나지 않았어도 다람이를 이기지 못했을지도 모르겠다는 생각까지 들었어요.

'무슨 일이야?'

재롱이가 눈빛으로 물었어요.

'나 빚 갚았다.'

다람이도 눈빛으로 대답했어요.

"너 배탈 다 낫거든 다시 붙어 보자."

"억울하지?"

다람이의 속삭임에 재롱이가 물었어요.

"지고도 이긴 기분 넌 모를걸. 아픈 친구랑 경쟁해서 이기는 건 자존심 상해."

다람이가 당당하게 말했어요.

재롱이가 고개를 끄덕였어요. 다람이 표정에 웃음이 번졌어요.

"아픈 몸으로도 최선을 다한 재롱이에게 주는 상품이야. 그리고 이건 아픈 재롱이를 위해 일부러 져 준 다람이에게 주는 상품."

선생님이 다 알고 있다는 듯 상수리 열매를 재롱이와 다람이에게 열 개씩 나눠 주었어요.

재롱이 눈동자가 반짝, 빛났어요. 배탈이 덜 나아서 눈물이 난 거라고 생각했어요. 그런데도 가슴까지 뭉클했어요.

만일 나라면?

난 춤 잘 추는 경쟁자가 있으면 좋겠어, 난 춤추는 게 좋거든.

나보다 피아노를 잘 치는 아이와 경쟁하면 내 피아노 실력이 쑥쑥 늘 거 같아.

경쟁자와 같이 운동하면서 운동 기록을 재고 싶어.

나라면?

다음에는 나랑 경쟁할래? 방귀 뀌기 경쟁!

뭐? 난 방귀 안 뀌거든.

경쟁했던 경험 쓰기

여러분은 경쟁을 통해 이긴 경험이 있나요? 있다면 아래 칸에 써 보세요.

경쟁에서 이겼을 때 기분은 어땠나요? '내' 마음을 표현한 그림에 ○표 하세요.

미안해요

슬퍼요

화나요

좋아요

다시 경쟁을 한다면 어떻게 하고 싶나요?

경쟁을 통해 져 본 경험이 있나요? 아래 칸에 써 보세요.

경쟁에서 졌을 때 기분은 어땠나요? '내' 마음을 표현한 그림에 ○표 하세요.

슬퍼요　　　　좋아요　　　　미안해요　　　　화나요

다시 경쟁을 한다면 어떻게 하고 싶나요?

200만 부 판매 돌파!

AI 시대 미래
토론

✓ 뭉치북스가 만든 국내 최초 토론책! ✓ 초등 국어
✓ 한국디베이트협회와 교

- 01 함께 사는 로봇
- 02 원시인도 모르는 공룡
- 03 더 멀리 더 높이 더 빨리 스포츠 과학
- 04 까만 우주 속 작은 별
- 05 노벨도 깜짝 놀란 노벨상
- 06 지켜라! 멸종 위기의 동식물
- 07 도로시의 과학 수사대
- 08 살아 있는 백두산
- 09 콜록콜록! 오늘의 황사 뉴스
- 10 앗! 이런 발명가, 왜 저런 발명품
- 11 아낄수록 밝아지는 에너지
- 12 과학 Cook! 문화 Cook! 음식의 세계
- 13 과학을 훔친 수상한 영화관
- 14 끝없이 진화하는 무서운 전염병
- 15 지구 온난화와 탄소배출권
- 16 먹을까? 말까? 먹거리 X파일
- 17 우리 몸을 흐르는 피와 혈액형
- 18 진짜? 가짜? 가상현실과 증강현실
- 19 두근두근 신비한 우리 몸속 탐험
- 20 우리를 위협하는 자연재해
- 21 봄? 가을? 경계가 모호해지는 사계절
- 22 세균과 바이러스 꼼짝 마! 약과 백신
- 23 생태계의 파괴자? 외래 동식물
- 24 콸콸콸~ STOP!!! 우리나라도 위험해요, 소중한 물
- 25 오늘도 나쁨! 작아서 더 무서운 미세먼지
- 26 식량 위기에서 인류를 구할 미래 식량
- 27 썩지 않는 플라스틱 지구와 인간을 병들게 하는 환경 호르몬
- 28 나와 똑같은 또 다른 나, 인간 복제
- 29 미래의 디지털 첨단 의료
- 30 땅속 보물을 찾아라! 지하자원과 희토류
- 31 농사일부터 우주 탐사까지, 미래는 드론 시대
- 32 알쏭달쏭 미지의 세계, 뇌
- 33 얼마나 작아질까? 어디까지 발달할까? 나노 기술과 첨단 세계
- 34 찾아라! 생명체가 살 수 있는 또 다른 별, 제2의 지구
- 35 배울수록 더 강해지는 인공 지능
- 36 창조론이냐? 진화론이냐? 다윈이 들려주는 진짜진짜 진화론
- 37 모두모두 소중한 생명! 멈춰요 동물 실험
- 38 유해할까? 유용할까? 생활 속 화학 물질
- 39 46억 년의 비밀, 생명을 살리는 지구
- 40 과학자가 가져야 할 덕목, 과학자 윤리와 책임

공부다!

인재를 위한 과서

과학토론왕
과학토론왕 40권 + 독후활동지 40권
전 80종 / 정가 580,000원

사회토론왕
사회토론왕 40권 + 독후활동지 40권
전 80종 / 정가 580,000원

- 한우리 추천도서
- 경향신문 추천도서
- 경기도 초등토론 교육연구회 추천
- 경기도 지부 독서 골든벨 선정도서
- 환경정의 어린이 환경책 권장도서
- 한국 아동문학인협회 우수도서
- 학교도서관 사서협의회 추천도서

✓ 활용 만점 독후 활동지 각 권 제공!
문가들이 강력 추천한 책!

- 01 우리 땅 독도
- 02 생활 속 24절기
- 03 세계를 담은 한글
- 04 정정당당 선거
- 05 우리의 유네스코 세계 유산
- 06 좋아? 나빠? 인터넷과 스마트폰
- 07 함께라서 좋아! 우리는 가족
- 08 한민족, 두 나라 여기는 한반도
- 09 너도 나도 똑같이 생명 존중
- 10 돈 나와라 뚝딱! 경제 이야기
- 11 앗! 조심해! 나를 지키는 안전 교과서
- 13 바람 잘 날 없는 지구촌 국제 분쟁
- 14 믿음과 분쟁의 역사 세계의 종교
- 15 인공 지능으로 알아보는 미래 유망 직업
- 16 지역 이기주의 님비 현상
- 17 더불어 사는 다문화 사회
- 18 함께 사는 세상 소중한 인권
- 19 세계를 사로잡은 문화 콘텐츠 한류
- 20 변치 않는 친구 반려동물
- 21 왕따는 안 돼! 우리는 소중한 친구
- 22 여자? 남자? 같은 것과 다른 것! 성과 양성평등
- 23 모두가 행복한 착한 초콜릿, 아름다운 공정 무역
- 24 우리는 이웃사촌! 함께 사는 사회
- 25 틀린 게 아니라 다른 거라고? 글로벌 에티켓
- 26 신통방통 지혜가 담긴 우리의 세시 풍속과 전통 놀이
- 27 출발, 시간 여행! 유네스코 세계 문화유산
- 28 아이는 줄고 노인은 늘고 달라지는 인구
- 29 우리는 하나! 세계로! 미래로! 통일 한국
- 30 레벨업? 셧다운? 슬기로운 게임 생활, 벗어나요 게임 중독
- 31 살아 있어 행복해! 곁에 있어 고마워! 소중한 생명
- 32 나도 크리에이터! 시끌벅적 1인 미디어 세상
- 33 뚜아뚜아별의 법을 부활시켜라! 생활 속 법 이야기
- 34 하늘·땅·바다 어디서나 조심조심! 어린이를 위한 교통안전
- 35 함께 만들어요! 함께 누려요! 모두의 사회 복지
- 36 위아더월드, 도움의 손길이 필요해요. 세계 빈곤 아동
- 37 환경 덕후 오송사가 간다, 지켜라! 지구 환경
- 38 전쟁 NO! 평화 YES! 세계를 이끄는 힘, 국제기구
- 39 더 멀리, 더 빠르게 미래 교통과 통신
- 40 알아야 척척, 똑똑한 미래 도시, 꿈의 스마트 시티

경기도 사서협의회 추천도서 | 한국교육문화원 추천도서 | 아침독서 추천도서

100만 부 판매 돌파!

수학이 쉬워지고, 명작보다 재미있는
뭉치수학왕

정부 기관 선정 우수 도서상을 많이 수상한 믿을 수 있는 시리즈!

뭉치 수학왕 시리즈는 미래의 인재로 키워 줘요.

"인공지능(AI) 시대의 힘은 수학에서 나온다!"

개념 수학

〈수와 연산〉
1 양치기 소년은 연산을 못한대
2 견우와 직녀가 분수 때문에 싸웠대
3 가우스, 동화 나라의 사라진 0을 찾아라
4 가우스는 소수 대결로 마녀들을 물리쳤어
5 앨런, 분수와 소수로 악당 히들러를 쫓아내라
6 약수와 배수로 유령 선장을 이긴 15소년

〈도형〉
7 헨젤과 그레텔은 도형이 너무 어려워
8 오일러와 피노키오는 도형 춤 대회 1등을 했어
9 오일러, 오즈의 입체도형 마법사를 찾아라
10 유클리드, 플라톤의 진리를 찾아 도형 왕국을 구하라
11 입체도형으로 수학왕이 된 앨리스

〈측정〉
12 쉿! 신데렐라는 시계를 못 본대

13 알쏭달쏭 알라딘은 단위가 헷갈려
14 아르키는 어림하기로 걸리버 아저씨를 구했어
15 원주율로 떠나는 오디세우스의 수학 모험

〈규칙성〉
16 떡장수 할머니와 호랑이는 구구단을 몰라
17 페르마, 수리수리 규칙을 찾아라
18 피보나치, 수를 배열해 비밀의 방을 탈출하라
19 비례배분으로 보물섬을 발견한 해적 실버

〈자료와 가능성〉
20 아기 염소는 경우의 수로 늑대를 이겼어
21 파스칼은 통계 정리로 나쁜 왕을 혼내 줬어
22 로미오와 줄리엣이 첫눈에 반할 확률은?

〈문장제〉
23 개념 수학-백점 맞는 수학 문장제①
24 개념 수학-백점 맞는 수학 문장제②
25 개념 수학-백점 맞는 수학 문장제③

융합 수학

26 쌍둥이 건물 속 대칭축을 찾아라(건축)
27 열차와 배에서 배수와 약수를 찾아라(교통)
28 스포츠 속 황금 각도를 찾아라(스포츠)
29 옷과 음식에도 단위의 비밀이 있다고?(음식과 패션)
30 꽃잎의 개수에 담긴 수열의 비밀(자연)

창의 사고 수학

31 퍼즐탐정 썰렁홈즈①-외계인 스콜피오스의 음모
32 퍼즐탐정 썰렁홈즈②-315일간의 우주여행
33 퍼즐탐정 썰렁홈즈③-뒤죽박죽 백설 공주 구출 작전
34 퍼즐탐정 썰렁홈즈④-'지지리 마란드러' 방학 숙제 대작전
35 퍼즐탐정 썰렁홈즈⑤-수학자 '더하길 모테'와 한판 승부

36 퍼즐탐정 썰렁홈즈⑥-설국언차 기관사 '어러도 달리능기라'
37 퍼즐탐정 썰렁홈즈⑦-해설 및 정답

수학 개념 사전

38 수학 개념 사전①-수와 연산
39 수학 개념 사전②-도형
40 수학 개념 사전③-측정·규칙성·자료와 가능성

독후 활동지

본책 40권+독후 활동지 7권
정가 580,000원